Life of

Prophet Adam (Pbuh)

The First Messenger and Prophet of God

Bilingual Edition

English Spanish

by

Jannah Firdaus Mediapro

2020

Prologue

Prophet Adam (Pbuh) is believed to have been the first human being and nabi (prophet) on Earth, in Islam. Adam's role as the father of the human race is looked upon by Muslims with reverence. Muslims also refer to his wife, Hawa (Eve), as the "mother of mankind". Muslims see Prophet Adam as the first Muslim, as The Noble Quran states that all the Prophets preached the same faith of Islam (Submission to One God).

Adam may be seen as an archetype of humanity or as symbol for the emerge of humankind. According to the islamic narrative of Adam, humankind has learnt everything from Adam. He was the first to learn to plant, harvest, and bake as well as the first to be told how to repent and how to properly bury someone. God also revealed the various food restrictions and the alphabet to Adam. He was made the first prophet and he was taught 21 scrolls and was able to write them himself.

Adam was also created from earth. It is well known that earth produces crops, supports animals, and provides shelter, among many other things. Earth is very important to humankind, so being created from it makes them very distinct. According to some Hadith, the various races of people are even due to the different colors of soil used in creating Adam. The soil also contributed to the idea that there are good people and bad people and everything in between in the world. Adam is an important figure in many other religions besides Islam. The story of Prophet Adam (Pbuh) and Eve (Hawa) varies slightly across religions, but manages to maintain a general theme and structure.

The Life of Prophet Adam (Pbuh) English Edition

Allah SWT the Almighty revealed: *Remember when your Lord said to the angels: 'Verily, I am going to place mankind generations after generations on earth.' They said: 'Will You place therein those who will make mischief therein and shed blood, while we glorify You with praises and thanks (exalted be You above all that they associate with You as partners) and sanctify You.' Allah said: 'I know that which you do not know.'*

Allah taught Adam all the names of everything, then He showed them to the angels and said: "Tell Me the names of these if you are truthful." They (angels) said: "Glory be to You, we have no knowledge except what You have taught us. Verily, it is You, the All-Knower, the All-Wise."

He said: "O Adam! Inform them of their names," and when he had informed them of their names, He said: "Did I not tell you that I know the unseen in the heavens and the earth, and I know what you reveal and what you have been hiding?"

Remember when We said to the angels: "Prostrate yourself before Adam" They prostrated except Iblis, he refused and was proud and was one of the disbelievers (disobedient to Allah)."

We said: "O Adam! Dwell you and your wife in the Paradise and both of you freely with pleasure and delight of things therein as wherever you will but come not near this tree or you both will be of the Zalimeen (wrongdoers)."

Then the Satan made them slip therefrom (the Paradise), and got them out from that in which they were. We said: "Get you down all with enmity between yourselves. On earth will be a dwelling place for you and an enjoyment for a time."

Then Adam received from his Lord Words. His Lord pardoned him (accepted his repentance). Verily He is the One Who forgives (accepts repentance), the most Merciful.

We said: "Get down all of you from this place (the Paradise), then whenever there comes to you Guidance from Me, and whoever follows My Guidance there shall be no fear on them, nor shall they grieve. But those who disbelieve and belie Our Ayah (proofs, evidences, verses, lessons, and signs and revelations, etc) such are the dwellers of the Fire, they shall abide therein forever." (Chapter 2:30-39, Qur'an).

Almighty Allah also revealed: *And surely, We created you (your father Adam) and then gave you shape (the noble shape of a human being), then We told the angels, "Prostrate to Adam", and they prostrated, except Iblis, he refused to be those who prostrate.*

Allah said: "What prevented you (O Iblis) that you did not postrate when I commanded you?"

Iblis said: "I am better than him (Adam), You created me from fire and him You created from clay."

Allah said: "O Iblis get down from this (Paradise), it is not for you to be arrogant here. Get out for you are of those humiliated and disgraced."

Iblis said: "Allow me respite till the Day they are raised up (Day of Resurrection)."

Allah said: "You are of those allowed respite."

Iblis said: "Because You have sent me astray, surely I will sit in wait against them (human beings) on Your Straight Path. Then I will come to them from before them and behind them, from their right and from their left and You will not find most of them as thankful ones (they will not be dutiful to You)."

Allah said: "Get out from Paradise, disgraced and expelled. Whoever of them (mankind) will follow you, then surely I will fill Hell with you all."

"And O Adam! Dwell you and your wife in Paradise, and eat thereof as you both wish, but approach not this tree otherwise you both will be of the Zalimeen (unjust and wrongdoers)."

Then Satan whispered suggestions to them both in order to uncover that which was hidden from them of their private parts before, he said:" Your Lord did not forbid you this tree save you should become angels or become of the immortals." Satan swore by Allah to them both saying: "Verily I am one of the sincere well wishers for you both."

So he misled them with deception. Then when they tasted of the tree, that which was hidden from them of their shame (private parts) became manifest to them and they began to stick together the leaves of Paradise over themselves (in order to cover their shame). Their Lord called out to them saying "Did I not forbid you that tree and tell you, Verily Satan is an open enemy unto you?"

They said: "Our Lord! We have wronged ourselves. If You forgive us not, and bestow not upon us Your Mercy, we shall certainly be of the losers." Allah said: "Get down one of you an enemy to the other (i.e. Adam, Eve, and Satan etc). On earth will be a dwelling place for you and an enjoyment, for a time." He said: "therein you shall live, and therein you shall die, and from it you shall be brought out (resurrected)." (Chapter 7:11-25 Qur'an).

We imagine when Allah the Almighty decided to create Adam: He addressed His angels and told them to prostrate before him. He did not mean to ask their opinion or take their advice, for He is above that. Allah the Exalted told them that He was going to create a vicegerent on the earth who would have children and grandchildren who would corrupt the earth and shed each other's blood. That is why the angels said to Allah the Almighty: *"Will You place therein those who will make mischief therein and shed blood!"* (Chapter 2:30 Quran).

There are old traditions about the angels before the creation of Adam. According to Ibn Qatadah, it was said that the angels were informed about the creation of Adam and his progency by the jinn (demon race) who lived before Adam. Abdullah Ibn Umar said that the jinn had existed for about 2000 years before Adam and then shed blood. Therefore Allah sent on them an army of angels that drove them out to the depths of the seas. Ibn Abi Hatim narrated from Ali jafar Al Baqer that the angels were informed that man would cause wickedness and shed blood on earth. It was also said that they knew that no one would be created on earth who would not be wicked and shed blood.

Whether or not these traditions are correct, the angels did understand that Allah would create a vicegerent on earth. Allah the Almighty announced that HE was going to create a human being out of clay, that HE would mold him and blow His spirit into him and then the angels should prostrate before him.

Abi Musa al Sha'arai narrated that the Prophet Muhammad (peace be upon him) said: "Allah created Adam from a handful of dust taken from different lands, so the children of Adam have been created according to the composition of the land. Therefore from mankind we have white, red, black and yellow ones; we have good and evil, ease and sorrow, and what comes in between them." (Sahih al Bukhari).

Ibn Masud and other companions of the Prophet Muhamamd SAW said that Allah the Almighty sent Gabriel onto the earth to said that Allah the Almighty sent Gabriel onto the earth to get Him clay therefrom. The earth said: "I seek refuge in Allah from your decreasing my quantity or disfiguring me." So Gabriel returned and did not take anything. He said:

"My Lord, the land sought refuge in You and it granted."

So Allah sent Michael for the same purpose, and the land sought refuge with Allah and it was granted. So he went back and said to Allah what Gabriel has said before him.

Then Allah sent Izrail the Angel of Death, and the land sought refuge in Allah, the angel said: "I also seek refuge with Allah from returning without carrying out His command." So he took clay from the face of the earth and mixed it. He did not take from one particular place, but rather he took white, red, and black clay from different places.

The Angel of Death ascended with it, Allah soaked the clay till it became sticky. Then Allah said to the angels: *"Truly, I am going to create man from clay. So when I have fashioned him and breathed into him (his) soul created by Me, then you fall down prostrate to him."* (Chapter 38:71-72 Quran).

So Allah shaped Adam into a human being, but he remaineda figure of clay for 40 years. The angels went past him. They were seized with fear by what they saw, and Iblis felt fear most. He used to pass by the figure of Adam, buffeting it, which would make a sound like pottery. Allah told us: *"He created man (Adam) from sounding clay like the clay of pottery."* (Chapter 55:Quran).

When the time drew near to breathe the spirit into Adam, as Allah decreed, He commanded the angels:

"When I breathe My spirit into him prostrate before him." Allah breathed His spirit into Adam and when it reached his head Adam sneezed. The angels said: "Say all praise belongs to Allah." Adam repeated: "All praise belongs to Allah." Allah said to him: "Your Lord has granted you mercy." When the spirit reached his eyes, Adam looked at the fruits of Paradise. When it reached his abdomen Adam felt an appetite for food. He jumped hurriedly before the spirit could reach his legs, so that he could eat from the fruits of Paradise. Allah, therefore, said: *"Man is created of haste."* (Chapter 21:37 Quran). And then: *The angels prostrated themselves all of them together. Except Iblis, he refused to be among the prostrators.* (Ch 15:31-32 Quran).

Abu Hurairah narrated that the Prophet Muhammad (PBUH) said: "Allah created Adam from dust after He mixed the clay and left him for some time until it became sticky mud, after which Allah shaped him. After that Allah left him till it became like potter's clay. Iblis used to go past him saying 'You have been created for a great purpose.' After that Allah breathed His spirit into him. The first thing into which the spirit passed was his eye and then his nose. He sneezed. Allah said: "May your Lord have mercy upon you, O Adam! Go to those angels and see what they would say.' So Adam went and greeted them. they replied saying: "Peace be upon you and the mercy and blessings of Allah." Allah said: "O Adam! This is your greeting and that of your offspring." (Sahih al Bukhari).

Allah the Almighty revealed: *Remember when your Lord brought forth from the children of Adam, from their loins, their seed (or from Adam's loin his offspring) and made them testify as to themselves saying: "Am I not your Lord?" They said: "Yes! We testify." lest you should say on the Day of Resurrection. "Verily we have been unaware of this." Or lest you should say: "It was only our father aforetime who took others pas partners in worship along with Allah and we were merely their descendants after them; will you then destroy us because of the deeds of men who practiced al batil (polytheism) and committing crimes and sins, invoking and worshipping others besides Allah?"*

Thus do We explain the Ayah (proofs, evidences, verses, lessons, signs, revelations etc) in detail so that they may turn unto the truth. (Ch 7:172-174 Quran).

Adam's progeny declared: "Our Lord, we bear witness that You are our Lord; we have no other Lord but Allah. Allah raised their father Adam, and he looked at them and saw those of them who were rich and those who were poor, and those who had good forms and those who did not. Adam said: "O Allah! I wish You to make Your servants equal." Allah replied "I love being thanked." Adam saw among the prophets like lamps among his progeny.

Almighty Allah declared: *Remember when We took from the Prophets their covenant, and from you (o Muhammad), and from Noah, Abraham, Moses, and*

Jesus son of Mary. We took from them a strong covenant. (Ch 33:7 Quran).

In another verse Allah the Exalted commanded: *"So set you (O Muhammad) your face towards the religion of pure Islamic Monotheism Hanifan (worship none but Allah Alone) Allah's Fitrah (Allah's Islamic Monotheism), with which He has created mankind. No change let there be in khalqillah (the Religion of Allah--Islamic Monotheism), that is the straight religion, but most men know not."* (Ch 30:30 Quran).

Another version of the story relates that Allah took a handful of the dust of the earth and mixed into it the colors, white, black, yellow and red. That is the reason why men are born different colors. When Allah mixed the dust with water, it turned into potter's clay that makes a sound. It was fermented and had a smell. Iblis passed by, wondering what was going to be made of that clay. From the clay Allah created Adam. he molded his form with His own hands and blew His spirit into him. Adam's body quivered as life was imbued into it. *Verily His Command, when He intends a thing is only that He says to it, "BE!" and it is!* (Ch 37:82 Quran).

Allah the Almighty declared: *Verily the likeness of Jesus, in Allah's Sight is the likeness of Adam, He created him from the dust then He said to him. "Be!" --and he was.* (Ch 3:59 Quran).

Adam opened his eyes and saw all the angels prostrating before him except one being who was standing at a distance Adam did not know what kind of creature it was that did not prostrate before him nor did he know its name. Iblis was standing with the angels so as to be included in the command given to them but he was not one of them. He was a jinn, and as such he was supposed to be inferior to the angels. What is clear is that this prostration was to show respect and did not mean that the angels were worshipping Adam. Prostrating in worship is done only for ALLAH.

Almighty Allah recounted the story of Iblis's refusal to prostate before Adam: *Remember when your Lord said to the angels, "I am going to create a man (Adam) from sounding clay of altered black smooth mud. So when I have fashioned him completely and breathed into him (Adam) the soul which I created for him then fall you down prostrating yourselves unto him." SO the angels prostrated themselves all of them together, except Iblis, he refused to be among the prostrators. Allah said: "O Iblis! What is your reason for not being among the prostrators?" Iblis said: "I am not the one to prostrate myself to a human being, whom You created from sounding clay of altered black smooth mud." Allah said: "Then get out from here for verily you are Rajim (an outcast or cursed one). Verily the curse shall be upon you till Day of Recompense (Day of Resurrection).* (Ch 15:28-35 Quran).

In another surah Almighty Allah recounted it thus: *Surely We created you (your father Adam) and then gave you shape (the noble shape of a human being), then We told the angels, "Prostrate to Adam and they prostrated except Iblis he refused to be of those who prostrate.*

Allah said: "What prevented you Iblis that you did not prostrate when I commanded you?" Iblis said: "I am better than him (Adam), You created me from fire and him You created from clay." Allah said: "Get down from this Paradise, it is not for you to be arrogant here. Get out, for you are of those humiliated and disgraced." Iblis said: Allow me respite till the Day of Resurrection)." Allah said: "You are of those allowed respite." (Ch 7:11-15 Quran).

Ibn Jarir reported that Muhammad Ibn sirin said that the first one to reach a conclusion by reasoning was Iblis and that the sun and moon were not worshiped except through this method.

This means that Iblis tried to compare himself to Adam. He believed that he was more honorable than Adam. Therefore he abstained from prostrating even though Allah had commanded him to do so, just as He had commanded the angels. If an analogy is made we see that Iblis is vain. For indeed clay is better than fire because in it can be found the qualities of calmness, clemency, perseverance and growth; whereas in fire can be found heedlessness, insignificance, haste, and incineration.

Iblis tried in vain to justify his refusal: *"Shall I prostrate to one whom You created from clay?" Iblis said: "See? those whom You have honored above me, if You give me respite (keep me alive) to the Day of*

Resurrection, I will surely seize and mislead his offspring (by sending them astray) all but a few!" (Ch 17:62 Quran).

Adam was following what was happening around him and had feelings of love, awe, and astonishment. Deep love of Allah,Who had created and glorified him and Who had made His angels prostrate before him. Awe of the Creator's wrath when He excluded Iblis from His mercy. Adam was surprised by this creature, Iblis who abhorred hiwithout even knowing him and who imagined himself better than Adam without having proved that he was worthier. What a strange creature Iblis was, and how strange was his excuse for not prostrating!

He imagined that fire is better than clay, but how did he get such an idea? Such knowledge is exclusive to Allah Who fire and clay and Who knows which is the better of the two.

From the dialogue Adam realized that Iblis was a creature characterized by cunning and ingratitude. He then knew that Iblis was his eternal enemy. He was greatly astonished at Iblis's audacity and Allah's tolerance. Immediately after his creation Adam witnessed the large amount of freedom that Allah gives to His commissioned creatures.

Allah knew that Iblis was not going to obey Him in prostrating before Adam. Allah could have totally annihilated him or turned him into a handful of dust or stifled the refusal in his mouth. Yet, Allah gives His commissioned creatures absolute freedom even to the extent that they can refuse Allah the Almighty's commands. He grants them the freedom of denial, disobedience, and even disagreement with Him.

His kingdom will not diminish if the disbelievers do not believe in Him nor will it be extended if many people believe in Him. On the contrary, the disbelievers will lose, and the believers will gain but Allah is above all of that.

There were many traditions about Iblis at the time of Prophet Muhammad (PBUH). Ibn Masud, Ibn Abbas and a group of the companions of the Prophet Muhammad (PBUH) said that Iblis had been the head of the angels in the worldly heavens. Ibn Abbas said in one narration that his name had been Azazil and in another narration he said it had been Al Harith. Ibn Abbas also said that Iblis was a jinn and that they had once been the keepers of Paradise, with Iblis the most honorable and the most learned and the most pious of them. Another tradition says that he had been one of the famous four possessors of wings (angels), before Allah transformed him into the accursed Satan.

Allah Almighty recounts Iblis's disobedience in another surah: *Remember when your Lord said to the angels: "Truly I am going to create man from clay. So when I have fashioned him and breathed into him (his) soul created by Me, then you fall down prostrate to him." So the angels prostrated themselves all of them; except Iblis, he was proud and was one of the disbelievers.*

Allah said: "The truth is, and the truth I say, that I will fill Hell with you and those of them (mankind) that follow you together." (Ch 38:71-85 Quran).

After this lesson about freedom Adam learned another lesson, one about knowledge. Adam realized that Iblis was the symbol of evil in the universe and that the angels were the symbol of good. However he did not yet know anything about himself. Then Allah made him perceive his true identity and the reason for his creation, and the secret of his glorification.

Allah the Exalted said: *He taught Adam all the names of everything.* (Ch 2:31 Quran).

Almighty Allah granted Adam the power to know the natures of all things and to summarize them by names; that is a bird, that is a star, that is a tree, etc Allah implanted in Adam an insatiable need for and love of knowledge and a desire to bequeath knowledge to his children. This was the reason for his creation and the secret of his glorification.

After Adam had learned the names of all things, along with their properties and uses, Allah presented them to the angels and said: *"Tell Me the names of these if you are truthful."* (Ch 2:31 Quran) the angels admitted their inability: *"Glory be to You, we have no knowledge except what You have taught us. Verily it is You the All Knower, the All Wise."* (Ch 2:32)

Allah Almighty then turned to Adam: *"O Adam! Inform them of their names, "* and when he had informed them of their names, He said: *"Did I not tell you that I know the unseen in the heavens and the earth, and I know what you reveal and what you have been hiding?"* (Ch 2:33).

Allah wanted the angels to know that He knew of their astonishment when He had told them about the creation of Adam and that He also knew of their confusion which they had not revealed, as well as what Iblis had concealed of his disobedience and ingratitude.

The angels realized that Adam was the creature who knew what they did not know and that his capacity to learn was his noblest quality. His knowledge included knowledge of the Creator which we call faith or Islam, as well as the knowledge he would need to inhabit and master the earth. All kinds of worldly knowledge which are included in this.

Adam knew the names of everything. Sometimes he talked to the angels, but they were preoccupied with worshipping Almighty Allah. Therefore Adam, felt lonely. One day he slept and when he awoke he found near his head, a woman gazing at his face with beautiful tender eyes.

The angels asked him her name He replied: "Eve (Hawa)." (means living things). They asked: "Why did you call her Eve?" Adam said: "Because she was created of me and I am a living being."

Ibn Abbas and a group of companions of the Prophet (PBUH) narrated that when Iblis was sent out of Paradise and Adam was accommodated therein,

Adam was alone in Paradise and did not have a partner from whom he could get tranquility. He slept for some time and when he woke up, he saw a woman whom Allah had created from his ribs. So he asked her, "Who are you? She replied, "A woman" He asked: "Why have you been created?" She said :"So that you could find tranquility in me." The angels, trying to find out the extent of his knowledge, asked him: "What is her name O Adam?" He replied, "Eve" They asked "Why was she so named?" He replied, " Because she was created from something living."

Muhammad Ibn Ishaaq and Ibn Abbas related that Eve was created from the shortest left rib of Adam while he was sleeping and after awhile she was clothed with flesh. that is why Allah the Exalted said: *O Mankind! Be dutiful to your Lord, Who created you from a single person (Adam) and from Him (Adam) He created his wife (Eve), and from them both He created many men and women.* (Ch 4:1) Allah also said: *It is he Who has created you from a single person (Adam) and then He created from him his wife (Eve), in order that he might enjoy the pleasure of living with her.* (Ch 7:189).

Abu Hurairah narrated that the Prophet Muhammad (PBUH) said: "O Muslims! I advise you to be gentle with women, for they are created from a rib, and the most crooked portion of the rib is its upper part. If you try to straighten it, it will break and if you leave it, it will remain crooked, so I urge you to take care of the women." (Sahih Bukhari).

Allah commanded Adam to dwell in Paradise: *"O Adam! Dwell you and your wife in the Paradise and eat both of you freely with pleasure and delight of things therein as wherever you will, but come not near this tree or you both will be of the Zalimeen (wrong doers).*(Ch 2:35)

The location of this Paradise is unknown to us. The Quran did not reveal it, and the commentators had five different opinions. Some said that it was the paradise of our refuge and that its place was heaven. Others regreted that statement because if it was the paradise of refuge Iblis would have been forbidden admission and disobedience would have been forbidden as well. Still others said that it was another paradise that was created by Allah for Adam and Eve. A fourth group said it was a paradise on the earth located in a high place. Another group of commentators accept what was in the Quran without questioning where this paradise was located. We agree with this last opinion as the lesson we learn from its location is immaterial compared to the lesson we leafrom the events that took place there.

Adam and eve were admitted to Paradise and there they lived the dream of all human beings. Allah permitted them to approach and enjoy everything except one tree, that might have been the Tree of Pain or the Tree of Knowledge. Allah forbade them they were give abode in Paradise. *"But come not near this tree or you both will be of the wrong doers."* (Ch 2:35)

Adam and Eve understood that they were forbidden to eat the fruit of that tree. Adam was however a human being and man tends to forget. His heart changes and his will weakens. Iblis summoned all the envy within him and took advantage of Adam's humanity to exploit him. He started to whisper to him day after day, coaxing him: "Shall I guide you to thTree of Immortality and the Eternal Kingdom?" He said to them: *"Your Lord did not forbid you this tree save you should become angels or become of the immortals." He (Satan) swore by Allah to them both saying: "Verily I am one of the sincere well wishers for you both."* (Ch 7:20-21)

Adam asked himself: "What will happen if I eat from this tree? It might truly be the Tree of Immortality." His dream was to live forever in the pure innocence of Paradise."

Years went by, and Adam and Eve were preoccupied with thoughts of that tree. Then one day they decided to eat of its fruit. They forgot that Allah had warned them not to approach it and that Iblis was their sworn enemy. Adam stretched out his hand, picked one of the fruits and offered it to Eve. They both ate of the forbidden tree.

Allah Almighty told us: *"So he (Satan) misled them with deception." (Ch 7:22) Allah said: "Thus did Adam disobey his Lord so he went astray."* (Ch 20:121).

According to the old Testament, Eve was tempted by the serpent to eat of the forbidden tree. She ate because of the words of the serpent and fed Adam some of it. At that moment, their eyes were opened to the fact that they were naked, and they took the leaves of the fig tree to cover themselves. Wahb Ibn Munabah said that their clothing (before their sin) was made of light on the private parts of both of them.

This story in the Old Testament is a falsification and deception. Allah the Almighty revealed: *O Children of Adam! Let not Satan deceive you, as he got your parents (Adam and Eve) out of Paradise stripping them of their rainments; to show them their private parts. Verily he and Qabiluhu (his soldiers from the jinn or his tribe) see you from where you cannot see them. Verily, We made the devils (protectors and helpers) for those who believe not."* (Ch 7:27)

Adam had hardly finished eating when he felt his heart contract, and he as filled with pain, sadness and shame. The surrounding atmosphere had changed and the internal music had stopped. He discovered that he and his wife were naked, so they both started cutting tree leaves with which to cover themselves.

Allah the Almighty addressed him: *"Did I not forbid you that tree and tell you: Verily Satan is an open enemy unto you?" They said: "Our Lord! We have wronged ourselves. If You forgive us not, and bestow not upon us Your Mercy, we shall certainly be of the losers." Allah said; "Get down, one of you an enemy to the other (Adam, Eve, and Satan etc). On earth will be a dwelling place for you and an enjoyment, for a time." He said: "Therein you shall live and therein you shall die, and from it you shall be brought out (resurrected)."* (7:22-25).

Again there are old stories about these events. Al Hafez Ibn Asaker narrated that Allah commanded two angels to remove Adam from His holy proximity. So Gabriel stripped him of the crown on his head, and Michael took the diadem from his forehead. Adam thought that his punishment had been hastened and bowed down crying; "Forgiveness! Forgiveness!" so Allah asked: "Are you running away from Me?" Adam replied, "No, my Lord, but I am shy of You."

Abdul Rahman Ibn Amru AL Awza iy said that Adam spent 100 years in Paradise. In another narration it was said he spent 60 years. Ibn Asaker reported that Adam wept for 60 years for his loss of Paradise and 70 years for his mistake, and he wept for another 70 years when his son was killed.

They left Paradise and descended upon the earth. Adam was sad and Eve was crying. Allah accepted their repentance because it was sincere and He told them that the earth would be their realm and origin where they would live and die and whence they would come on the Day of Judgment.

Allah the Almighty recounted this third lesson Adam learned in Paradise: *Indeed We made a covenant with Adam before, but he forgot, and We found on his part no firm will power. Remember when We said to the angels "Prostrate yourselves to Adam." They prostrated (all) except Iblis, who refused. then We said: "O Adam! verily, this is an enemy to you and to your wife. so let him not get you both out of Paradise, so that you be distressed in misery. Verily, you have (a promise from Us) that you will never be hungry therein nor naked. And you will suffer not from thrist therein nor from the sun's heat. "*

then Satan whispered to him, saying "O Adam! Shall I lead you to the Tree of Eternity and to a kingdom that will never waste away? " Then they both ate of that tree, and so their private parts appeared to them, and they began to stick on themselves the leaves from Paradise for their covering. Thus did Adam disobey his Lord, so he went astray. Then his Lord chose him, and turned to him with forgiveness and gave him guidance.

Allah said: "Get you down (upon the earth), both of you, together from Paradise, some of you are an enemy to some others. THen if there comes to you guidance from Me, then whoever follows My Guidance shall neither go astray, nor fall into distress and misery. But whosoever turns away from My Reminder (neither believes in this Quran nor acts on its orders etc). Verily, for him is a life of hardship and We shall raise him up blind on the Day of Resurrection. "

He will say: "O my Lord! Why have you raised me up blind, while I had sight before. " Allah will said: "like this, Our Ayat (proofs, evidences, verses, lessons, signs, revelations, etc). came unto you, but you disregarded them (you left them, did not think deeply in them, and you turned away from them), and so this

Day, you will be neglected in the Hellfire, away from Allah's Mercy.)"

And thus do We requite him who transgresses beyond bounds (commits the great sins and disobeys his Lord (allah) and believes not in His Messengers, and His revealed Books, like this Quran etc), and believes not in the Ayat (proofs, evidences, verses, lessons, signs, revelations, etc). of his Lord, and the torment of the Hereafter is far more severe and more lasting. (Ch 20:115-127)

Some people believe that the reason why mankind does not dwell in Paradise is that Adam was disobedient and that if it had not been for this sin, we could have been there all along. These are naive fictions because when Allah wanted to create Adam, He said to the angels, "I shall make a vicegerent on the earth." He did not say, "I shall make a vicegerent in Paradise."

Adam's descent on earth, then, was not due to degradation but rather it was dignified descent. Allah knew that Adam and Eve would eat of the tree and descend to earth. He knew that Satan would rape their innocence. That experience was essential for their life on earth; it was a cornerstone of their vicegerency. It was meant to teach Adam, Eve, and their progeny that it was Satan who had caused them to be expelled from Paradise and that the road to Paradise can only be reached by obedience to Allah and enmity to Satan.

Could it be said that Adam and the rest of mankind were predestined to sin and to be expelled from Paradise and sent to the earth? In fact, this fiction is as naive as the first one.

Adam complete free will, and he bore the consequences of his deed. He disobeyed by eating of the forbidden tree, so Allah dismissed him from Paradise. His disobedience does not negate his freedom. On the contrary it is a consequence of it.

The truth of the matter is that Allah knew what was going to happen, as He always know the outcome of events before they take place. However Allah does not force things to happen. He grants free will to His human creatures. On that He bases His supreme wisdom in populating the earth, establishing the vicegerents, and so on.

Adam understood his 3rd lesson. He knew now in a practical way that Iblis was his enemy, the cause of his losing the blessing of living in Paradise, and the cause of his distress. Adam also understood that Allah punishes disobedience and that the way of Paradise has to be through submission to the will of Allah. And he learned from Allah Almighty to ask for forgiveness.

Allah accepted Adam's repentance and forgave him. He then sent him to the earth as His first messenger.

Abu Hurairah narrated that the Messenger (PBUH) said: "Adam and Moses argued with each other. Moses said to Adam: 'Your sin expelled you from

Paradise.' Adam said: ' You are Moses whom Allah selected as His messenger and as the one to whom He spoke directly. Yet you blame me for a thing which had already been written in my fate before my Creation?" Allah's Prophet Muhammad (PBUH) said twice, "So Adam outclassed Moses." (Sahih Bukhari).

Umar Ibn Al Khattab also narrated that the Prophet Muhammad (PBUH) said: "Moses (PBUH) said: 'My Lord! May I see Adam who removed us and himself from the Paradise?" so Allah made him see Adam and he said to him: "Are you Adam?" Adam said: "yes." And he said "Were you the one in Whom Allah breathed His spirit and before whom He bowed His angels and to whom He taught the names of all things?" Adam answered: "yes." so Moses said: "What made you remove us and yourself from Paradise.?"

Adam said: "Who are you?" Moses said: I am Moses." Adam said: "So you are Moses the prophet of the Children of Israel. Were you the one Allah spoke to directly?" Moses answered "yes." Adam said: "Why do you blame me for a matter which Allah had predestined?" So Allah's Prophet Muhammad (PBUH) said twice. "Adam outclassed Moses." (Sahih al Bukhari).

there are many traditions concerning the place of Adam's descent upon earth. Ibn Abi Hatim narrated that Ibn Abbas said: "Adam descended on land 'Dihna' between Mecca and taif." AL Hassan said that Adam descended in India and Eve in Jeddah (Saudi

Arabia), Iblis Bodistiman (Iraq), and the serpent in Ashahan (Iran). This last was also reported by Ibn Hatim.

Ass'ady related that Adam descended with the Black Stone (a large black stone set into the wall of the ka'ba in Mecca. It is said to have come from Paradise) in India, and he had a handful of the seeds of Paradise. He sowed them in India and they grew into the fragrant tree therein.

Ibn Umar said that Adam descended on As-Safa and Eve on Al Marwa (names of two mountains in the vicinity of the sacred house in Mecca. Part of the rites of pilgrimage (hajj) includes pacing between these two hills in commemoration of H's search for water). This was also reported by Ibn Hatim. Abdul Razzaq reported that Abi Musa Al-shari said that when Allah ordered Adam to descend from Paradise to earth, He taught him the making of everything and provided him with the crops from Paradise.

Abu Hurairah narrated that the Prophet Muhammad (PBUH) said: "The best of days on which the sun has risen is Friday. One this day Adam was created, and on this day he was descended to earth." (al Bukhari)

Adam knew he bade farewell to peace and he left Paradise. On earth he had to face conflict and struggle. No sooner had one ended than another began. He also had to toil to sustain himself. He had to protect himself with clothes and weapons and protect his wife and children from the wild beasts. Above all he had to struggle with the spirit of evil.

Satan, the cause of his expulsion from Paradise, continued to beguile him and his children in an effort to have them thrown into the eternal hellfire. The battle between good and evil is continuous, but those who follow Allah's guidance and should fear nothing while those who disobey Allah and follow Iblis will be damned along with him.

Adam grasped all of this and with the knowledge of this suffering he started his life on the earth. The only thing that allowed his grief was that he was master of the earth and had to make it yield to him. He was the one who had to perpetuate, cultivate and construct and populate the earth. He was also the one who had to procreate and raise children who would change and improve the world.

The pinnacle of earthly bliss was reached when Adam and Eve witnessed the birth of their 1st children, a set of twins. Adam was a devoted father and Eve a contented mother. The twins were Cain (Qabil) and his sister. Later Eve gave birth to a second set of twins, Abel (Habil) and his sister. The family enjoyed the bounties and fruits of the earth provided by their Lord. The children grew up to be strong and healthy young adults. Cain tilled the land while Abel raised cattle.

The time arrived when the two young men desired life partners. This was part of Allah's plan for mankind, to multiply and form nations with different cultures and colors. Allah revealed to Adam that he should marry each son to the twin sister of the other.

Adam instructed his children according to Allah's command, but Cain was displeased with the partner chosen for him, for Abel's twin sister was not as beautiful as his own.

It appears that since the beginning of time, physical beauty has been a factor in the attraction between man and women. This attraction caused Cain to envy his brother Abel. He rebelled against Allah's command by refusing to accept his father's advice.

At first glance Cain's rebellion might appear strange, but we should remember that although man has a pure nature, the potential for dichotomy exists. In other words, he had both good and bad qualities. He can become greedy, covetous,possessive, selfish and even destructive. Man is, therefore capable of seeking self-satisfaction even if it leads to failure in this life and in the hereafter. The path to goodness lies in harnessing the enemy within him, his baser self by controlling evil thoughts and deeds and practicing moderation in his desires and actions. His reward then will be the delights of this world and the hereafter. Thus Allah tests us through our divided nature.

Adam was in a dilemma. He wanted peace and harmony in his family, so he invoked Allah for help. Allah commanded that each son offer a sacrifice, and he whose offering was accepted would have right on his side. Abel offered his best camel while Cain offered his worst grain. His sacrifice was not accepted by Allah because of his disobedience to his father and the insincerity in his offering.

This enraged Cain even further. Realizing that his hopes marrying his own beautiful sister were fading, he threatened his brother. "I will kill you! I refuse to see you happy while I remain unhappy!"

Abel feeling sorry for his brother, replied, "It would be more proper for you, my brother to search for the cause of your unhappiness and then walk in the way of peace. Allah accepts the deeds only from those who serve and fear Him, not from those who reject His Commands."

Abel was intelligent, obedient, and always ready to obey the will of Allah. This contrasted sharply with his brother who was arrogant, selfish and disobedient to his Lord. Abel did not fear his brother's threats, but neither did he want his brother to be hurt, Allah had blessed Abel with purity and compassion.

Hoping to allay the hatred seething in his brother Abel said, " My brother, you are deviating from the right path and are sinful in your decisions. It is better that you repent to Allah and forget about your foolish threat. But if you do not then I will leave the matter in the hands of Allah. You alone will bear the consequence of your sin, for the Fire is the reward of the wrong-doers."

This brotherly plea did nothing to lessen the hatred in Cain's heart, nor did he show fear of Allah's punishment. Even familial considerations were cast aside. Cain struck his brother with a stone killing him instantly. This was the 1st death and the 1st criminal act committed by man on earth.

When Abel had not appeared for some time, Adam began to search for him but found no trace of his beloved son. He asked Cain about Abel's whereabouts. Cain insolently replied that he was not his brother's keeper nor his protector. From these words his father understood that Abel was dead and Adam was filled with grief.

Meanwhile Cain did not know what to do with his brother's corpse. He carried it on his back wandering from place to place trying to hide it. His anger had now subsided and his conscience was saddled with guilt. He was tiring under the burden of the corpse which had started to have a stench. As a mercy, and to show that dignity could be retained even in death, Allah sent two ravens that began fighting, causing the death of one. The victorious bird used its beak and claws to dig a hole in the ground, rolled its victim into it and covered it with sand.

Witnessing this, Cain was overcome with shame and remorse. "Woe unto me!" he exclaimed. "I was unable to do what this raven has done, that is to hide my brother's corpse." Cain then buried his brother. This was also the 1st burial of man.

Allah the Almighty revealed: *And (O Muhammad) recite to them (the Jews) the story of the two sons of Adam (Abel and Cain) in truth; when each offered a sacrifice to Allah, it was accepted from the one but not from the other. The latter said to the former; "I will surely kill you."*

the former said: "Verily Allah accepts only from those who are Al Muttaqeen (the pious). If you do stretch your hand against me to kill me I shall never stretch my hand against you to kill you, for I fear Allah; the Lord of the Alameen (mankind, jinn, and all that exists). Verily I intend to let you draw my sin onyourself as well as yours then you will be one of the dwellers of the Fire, and that is the recompense of the Zalimeen (polytheists, and wrongdoers)."

So the self of the other (latter one) encouraged him and made fair seeming to him the murder of his brother; he murdered him and became one of the losers. Allah sent a crow who scratched the ground to show him to hide the dead body of his brother. He (the murderer) said: "Woe to me! Am I not even able to be as this crow and to hide the dead body of my brother?" Then he became one of those who regretted. (Ch 5:27-31).

Ibn Abbas, Ibn Masud and a group of the companions of the Prophet Muhammad (PBUH) related that inter-marriage of the male of one pregnancy with the female of another had been in practice among Adam's children. Abel wanted to marry Cain's sister, but Cain wanted her for himself because she was very beautiful. Adam ordered him to give her in marriage to his brother but he refused. SO Adam ordered both of them to offer a sacrifice, then went to Mecca to perform the pilgrimage. After Adam had left, they offered their sacrifices; Abel offered a fat lamb, he was a shepherd, while Cain offered a bundle of worst grain. fire descended and devoured Abel's sacrifice, leaving that of Cain so he became angry and said: "I will surely kill you so that you will not marry my sister." Abel replied, "Allah accepts from those who fear Him."

According to Abu Ja'afar al Baqer, Adam was watching their offering and was sure that Abel's sacrifice would be accepted. Cain complained to Adam that the acceptance was due to his supplication for Abel and that he had not done the same for him, so he promised his father to settle the matter between himself and his brother. One night, Abel was late returning from tending his flock. Adam sent Cain to see what happened to him. When he found him, he glared at him saying: "yours was accepted, and mine was not." Abel replied, "Allah only accepts from the Allah-fearing." Cain became angry on hearing this and hit him with a piece of iron that was with him and thus killing him. In another version it was said that he killed him with a rock to the head while he was sleeping.

Adam was utterly grief stricken by the loss of his two sons. One was dead, the other was won over by the devil. Adam prayed for his son and turned to mundane matters for he had to toil for his sustenance. At the same time he was a prophet advising his children and grandchildren, telling them about Allah and calling them to believe in Him. He told them about Iblis and warned them by recounting his own experience with the devil and of how the devil had tempted Cain to kill his brother.

Years and years passed, Adam grew old and his children spread all over the earth. Muhammad Ibn Ishaq related that when Adam's death drew near, he appointed his son Seth to be his successor and taught him the hours of the day and night along with their appropriate acts of worship. He also foretold to him the floor that would come.

Abu Dhar narrated that the Prophet Muhammad (PBUH) said: "Allah sent down 104 psalms, of which 50 were sent down to Seth."

Abdullah Ibn Al Iman Ahmad Ibn Hanbal narrated that Ubai Ibn Kab said: "When Adam's death was near, he said to his children: "O my children, indeed I feel an appetite for the fruits of Paradise."

So they went away searching for what Adam had requested. They met with the angels, who had with them his shroud and what he was to be embalmed with. They said to them: "O Children of Adam, what are you searching for? What do you want? Where are you going?"

They said: "Our father is sick and has an appetite for the fruits of Paradise."

the angels said to them: "Go back, for your father is going to meet his end soon."

So they returned (with the angels) and when Eve saw them she recognized them. She tried to hide herself behind Adam. He said to her. "Leave me alone. I came before you; do not go between me and the angels of my Lord.' So they took his soul, embalmed and wrapped him, dug the grave and laid him in it. They prayed on him and put him in his grave, saying: 'O Children of Adam, this is your tradition at the time of death.""

Before his death Prophet Adam (Pbuh) reassured his children that Allah SWT would not leave man alone on the earth, but would sent His prophets to guide them. the prophets would have different names, traits and miracles, but they would be united in one thing; the call to worship Allah SWT (God) alone. This was Adam's bequest to his children. Prophet Adam (Pbuh) finished speaking and closed his eyes. Then the angels entered his room and surrounded him. When he recognized the Angel of Death among them, his heart smiled peacefully.

After Prophet Adam's death, his soth Prophet Seth (Shiith) took over the responsibilities of prophethood, according to a hadith narrated by Abu Dhar. Abu Dhar narrated that Prophet Muhammad SAW said: "Allah SWT sent down one hundred and four psalms, of which fifty were sent down to Seth." (Sahih al Bukhari) When the time of his death came Seth's son Anoush succeeded him. He in turn, was succeeded by his son Qinan, claim that Mahlabeel was the King of the Seven Regions, that he was the first one to cut down trees to build cities and large forts and that he built the cities of Babylonia. He reigned for a period of forty years. When he died his duties were taken ov er by his son Yard, who on his death, bequeathed them to his son Khonoukh, who is Prophet Idris (Enoch) according to the majority of the scholars.

The Life of Prophet Adam (Pbuh) Spanish Edition

Allah SWT el Todopoderoso reveló: *Recuerda cuando tu Señor dijo a los ángeles:"De cierto, voy a poner a la humanidad generaciones tras generaciones en la tierra". Ellos dijeron:'¿Pondrás en ella a los que hacen daño y derraman sangre, mientras te glorificamos con alabanzas y gracias (exaltado seas tú sobre todas las cosas que asocian contigo como compañeros) y te santificamos? Alá dijo:'Yo sé lo que tú no sabes'.*

Alá le enseñó a Adán todos los nombres de todas las cosas, luego se los mostró a los ángeles y les dijo: "Dime los nombres de estos si eres sincero." Ellos (los ángeles) dijeron: "Gloria a Ti, no tenemos más conocimiento que lo que Tú nos has enseñado. Verdaderamente, eres Tú, el Todopoderoso, el Omnisapiente".

Él dijo: "¡Oh Adán! Infórmales de sus nombres," y cuando él les informó de sus nombres, dijo: "¿No te dije que conozco lo que no se ve en los cielos y en la tierra, y que sé lo que revelas y lo que has estado escondiendo?"

¿Recuerdas cuando les dijimos a los ángeles: "Postraos delante de Adán" Se postraron excepto lblis, se negó y estaba orgulloso y era uno de los incrédulos (desobediente a Alá)".

Dijimos: "¡Oh Adán! Habita tú y tu esposa en el Paraíso y ambos libremente con placer y deleite de las cosas en él, como dondequiera que vayas, pero no te acerques a este árbol o ambos serán de los Zalimeen (malhechores)".

Entonces Satanás los hizo escabullirse de allí (el Paraíso), y los sacó de aquello en lo que estaban. Dijimos: "Os hundiréis todos con enemistad entre vosotros. En la tierra será una morada para ti y un placer por un tiempo".

Entonces Adán recibió de su Señor las palabras. Su Señor le perdonó (aceptó su arrepentimiento). Verdaderamente Él es el que perdona (acepta el arrepentimiento), el más misericordioso.

Dijimos: "Bajad todos de este lugar (el Paraíso), entonces siempre que venga a vosotros mi guía, y quienquiera que siga mi guía no tendrá miedo sobre ellos, ni se afligirá. Pero los que no creen y creen en Nuestro Ayah (pruebas, evidencias, versículos, lecciones, señales y revelaciones, etc.) tales son los moradores del Fuego, ellos morarán en él para siempre". (Capítulo 2:30-39, Corán).

El Todopoderoso Alá también reveló: *Y ciertamente, Nosotros te creamos (tu padre Adán) y luego te dimos forma (la forma noble de un ser humano), entonces Nosotros les dijimos a los ángeles, "Postraos a Adán", y ellos se postraron, excepto Iblis, él se negó a ser los que se postraran.*

Alá dijo: "¿Qué te impidió (O Iblis) que no postraras cuando te lo ordené?"

dijo lblis: "Soy mejor que él (Adán), Tú me creaste del fuego y a él lo creaste de la arcilla."

Alá dijo: "Oh, lblis, baja de este (Paraíso), no te corresponde ser arrogante aquí. "Salgan porque son de los humillados y deshonrados".

dijo lblis: "Permíteme descansar hasta el día en que sean resucitados (Día de la Resurrección)".

Alá dijo: "Tú eres de esos a los que se les permite un respiro."

dijo lblis: "Porque Tú me has enviado por mal camino, seguramente me sentaré a esperar contra ellos (seres humanos) en Tu Camino Recto. Entonces vendré a ellos de delante y detrás de ellos, de su derecha y de su izquierda y no encontrarás a la mayoría de ellos como agradecidos (no te obedecerán)".

Alá dijo: "Sal del Paraíso, deshonrado y expulsado. Quienquiera de ellos (la humanidad) te seguirá, entonces seguramente yo llenaré el Infierno con todos ustedes".

"Y oh Adán! Habita tú y tu esposa en el Paraíso, y come de él como ambos deseen, pero no te acerques a este árbol, de lo contrario ambos serán de los Zalimeen (injustos y malhechores)".

Entonces Satanás les susurró sugerencias a ambos para descubrir lo que antes se les había ocultado de sus partes privadas, dijo:"Tu Señor no te prohibió este árbol, salvo que os convirtierais en ángeles o en inmortales". Satanás juró por Alá a ambos diciendo: "En verdad soy uno de los sinceros buenos deseos para los dos."

Así que los engañó con engaños. Entonces, cuando probaron el árbol, lo que se les ocultó de su vergüenza (partes privadas) se les manifestó y comenzaron a pegar las hojas del Paraíso sobre sí mismos (para cubrir su vergüenza). Su Señor los llamó diciendo: "¿No os prohibí ese árbol y os dije:"Satanás es un enemigo abierto para vosotros"?

Dijeron: "¡Nuestro Señor! Nos hemos hecho daño a nosotros mismos. Si no nos perdonas, y no nos concedes Tu Misericordia, ciertamente seremos de los perdedores." Alá dijo: "Baje a uno de ustedes como enemigo del otro (es decir, Adán, Eva, Satanás, etc.). En la tierra será una morada para ti y un placer, por un tiempo". Él dijo: "En ella vivirás, y en ella morirás, y de ella serás sacado (resucitado)". (Capítulo 7:11-25 Corán).

Nos imaginamos cuando Alá el Todopoderoso decidió crear a Adán: Se dirigió a Sus ángeles y les dijo que se postraran ante él. No quiso pedirles su opinión ni seguir sus consejos, pues Él está por encima de eso. Alá el Sublime les dijo que iba a crear un vicerregente en la tierra que tendría hijos y nietos que corromperían la tierra y derramarían la sangre de los demás. Por eso los ángeles le dijeron a Alá el Todopoderoso: *"¡Pondrás en ella a los que hacen daño y derraman sangre!"* (Capítulo 2:30 Corán).

Hay viejas tradiciones sobre los ángeles antes de la creación de Adán. Según Ibn Qatadah, se dijo que los ángeles fueron informados sobre la creación de Adán y su progenie por el jinn (raza demoníaca) que vivía antes de Adán. Abdullah Ibn Umar dijo que el jinn había existido durante unos 2000 años antes de Adán y luego derramó sangre. Por eso Alá les envió un ejército de ángeles que los expulsó a las profundidades de los mares. Ibn Abi Hatim narraba de Ali Jafar Al Baqer que los ángeles fueron informados de que el hombre causaría maldad y derramaría sangre en la tierra. También se dijo que sabían que no se crearía nadie en la tierra que no fuera malvado y que no derramara sangre.

Ya sea que estas tradiciones sean correctas o no, los ángeles entendieron que Alá crearía un vicerregente en la tierra. Alá el Todopoderoso anunció que iba a crear un ser humano de arcilla, que lo moldearía y soplaría Su espíritu en él y luego los ángeles se postrarían ante él.

Abi Musa al Sha'arai narró que el Profeta Muhammad (la paz sea con él) dijo: "Alá creó a Adán de un puñado de polvo tomado de diferentes tierras, así que los hijos de Adán han sido creados de acuerdo a la composición de la tierra. Por lo tanto, de la humanidad tenemos los blancos, rojos, negros y amarillos; tenemos el bien y el mal, la facilidad y el dolor, y lo que hay entre ellos". (Sahih al Bukhari).

Ibn Masud y otros compañeros del Profeta Mahoma dijeron que Alá el Todopoderoso envió a Gabriel a la tierra para decir que Alá el Todopoderoso envió a

Gabriel a la tierra para traerle arcilla de allí. La tierra dijo: "Busco refugio en Alá de que disminuyas mi cantidad o me desfigures." Así que Gabriel regresó y no se llevó nada. Él dijo: "Mi Señor, la tierra buscó refugio en Ti y te lo concedió."

Así que Alá envió a Miguel con el mismo propósito, y la tierra buscó refugio con Alá y se le concedió. Así que regresó y le dijo a Alá lo que Gabriel había dicho antes que él.

Entonces Alá envió a Izrail, el Ángel de la Muerte, y la tierra se refugió en Alá, dijo el ángel: "También busco refugio con Alá para que no regrese sin cumplir sus órdenes." Así que tomó arcilla de la faz de la tierra y la mezcló. No tomó de un lugar en particular, sino que tomó arcilla blanca, roja y negra de diferentes lugares.

El Ángel de la Muerte ascendió con él, Alá empapó la arcilla hasta que se volvió pegajosa. Entonces Alá dijo a los ángeles: *"En verdad, voy a crear al hombre de arcilla. Así que cuando lo he moldeado y soplado en él (su) alma creada por Mí, entonces tú caes postrado ante él".* (Capítulo 38:71-72 Corán).

Así que Alá convirtió a Adán en un ser humano, pero permaneció como una figura de arcilla durante 40 años. Los ángeles pasaron junto a él. Lo que veían los agarraba el miedo, e Iblis era la que más lo sentía. Pasaba por delante de la figura de Adán, abofeteándola, lo que hacía que sonara como la cerámica. Alá nos lo dijo: *"Creó al hombre (Adán) a partir de la arcilla que suena como la arcilla de la cerámica."* (Capítulo 55:Corán).

Cuando se acercó el momento de insuflar el espíritu en Adán, como Alá lo había ordenado, Él ordenó a los ángeles: "Cuando respiro mi espíritu en él, postrado ante él." Alá sopló Su espíritu en Adán y cuando llegó a su cabeza Adán estornudó. Los ángeles dijeron: "Di que toda alabanza es de Alá." Adán repitió: "Toda la alabanza pertenece a Alá." Alá le dijo: "Tu Señor te ha concedido misericordia." Cuando el espíritu llegó a sus ojos, Adán miró los frutos del Paraíso. Cuando llegó a su abdomen, Adam sintió un apetito por la comida. Saltó apresuradamente antes de que el espíritu pudiera alcanzar sus piernas, para poder comer de los frutos del Paraíso. Alá, por lo tanto, dijo: *"El hombre es creado de prisa."* (Capítulo 21:37 Corán). Y luego: *Los ángeles se postraron todos juntos. Excepto Iblis, se negó a estar entre los prosternadores.* (Ch 15:31-32 Corán).

Abu Hurairah narró que el Profeta Muhammad (PBSCE) dijo: "Alá creó a Adán del polvo después de mezclar la arcilla y lo dejó por algún tiempo hasta que se convirtió en barro pegajoso, después de lo cual Alá lo moldeó. Después de eso, Alá lo dejó hasta que se convirtió en arcilla de alfarero. Iblis solía pasar por delante de él diciendo:'Has sido creado para un gran propósito'. Después de eso, Alá le insufló Su espíritu. Lo primero en lo que el espíritu se metió fue en el ojo y luego en la nariz. Estornudó. Alá dijo: "¡Que tu Señor se apiade de ti, Adán! Ve con esos ángeles y mira a ver qué dicen. Entonces Adán fue y los saludó, y ellos respondieron diciendo: "La paz sea contigo y la misericordia y las bendiciones de Alá." Alá dijo: "¡Oh Adán! Este es tu saludo y el de tu descendencia". (Sahih al Bukhari).

Allah el Todopoderoso reveló: *Acuérdate cuando tu Señor sacó de los hijos de Adán, de sus lomos, su descendencia (o de la descendencia de Adán) y les hizo testificar que ellos mismos decían: "¿No soy tu Señor?" Dijeron: "¡Sí! Testificaremos." No sea que digas en el Día de la Resurrección. "Verdaderamente no hemos sido conscientes de esto." O por si acaso deberías decir: "Sólo nuestro padre en otro tiempo tomó a otros como socios en la adoración junto con Alá y nosotros éramos simplemente sus descendientes después de ellos; ¿nos destruirás entonces debido a las acciones de los hombres que practicaron al batil (politeísmo) y cometieron crímenes y pecados, invocando y adorando a otros además de Alá?".*

Así explicamos el Ayah (pruebas, evidencias, versículos, lecciones, señales, revelaciones, etc.) en detalle para que puedan volver a la verdad. (Ch 7:172-174 Corán).

La progenie de Adán declarada: "Nuestro Señor, damos testimonio de que Tú eres nuestro Señor; no tenemos otro Señor que Alá. Alá levantó a su padre Adán, y él los miró y vio a los que eran ricos y a los que eran pobres, a los que tenían buenas formas y a los que no las tenían. Adam dijo: "¡Oh, Alá! Deseo que hagas a tus siervos iguales." Alá respondió: "Me encanta que me den las gracias". Adán vio entre los profetas como lámparas entre su progenie.

El Todopoderoso Alá declaró: *Recuerda cuando tomamos de los Profetas su pacto, y de ti (Muhammad), y de Noé, Abraham, Moisés, y Jesús hijo de María. Les quitamos una fuerte alianza.* (Ch 33:7 Corán).

En otro versículo, Alá el Sublime ordenó: *"Así que pon tu cara (O Muhammad) hacia la religión del monoteísmo islámico puro Hanifan (no adorar a nadie más que a Alá) Fitrah de Alá (Monoteísmo Islámico de Alá), con el cual Él ha creado a la humanidad. Que no haya ningún cambio en khalqillah (la religión de Alá, el monoteísmo islámico), que es la religión recta, pero la mayoría de los hombres no lo saben".* (Ch 30:30 Corán).

Otra versión de la historia cuenta que Alá tomó un puñado del polvo de la tierra y mezcló en él los colores blanco, negro, amarillo y rojo. Esa es la razón por la que los hombres nacen de colores diferentes. Cuando Alá mezcló el polvo con agua, se convirtió en arcilla de alfarero que hace ruido. Estaba fermentado y tenía olor. Iblis pasó por allí, preguntándose de qué iba a estar hecha esa arcilla. De la arcilla Alá creó a Adán. Él moldeó su forma con Sus propias manos y sopló Su espíritu en él. El cuerpo de Adán tembló cuando la vida fue imbuida en él. *En verdad Su mandamiento, cuando quiere una cosa, es sólo que le dice: "¡SÉ!* (Ch 37:82 Corán).

Alá el Todopoderoso declaró: *En verdad la semejanza de Jesús, a la vista de Alá es la semejanza de Adán, Él lo creó del polvo y luego le dijo. "¡Ser!" --y lo era.* (Ch 3:59 Corán).

Adán abrió los ojos y vio a todos los ángeles postrándose delante de él, excepto a un ser que estaba de pie a lo lejos; Adán no sabía qué clase de criatura era la que no se postraba delante de él ni sabía su nombre. Iblis estaba de pie con los ángeles para ser incluido en el mandamiento que se les había dado, pero no era uno de ellos. Era un genio, y como tal se suponía que era inferior a los ángeles. Lo que está claro es que esta postración era para mostrar respeto y no significaba que los ángeles estaban adorando a Adán. Postrarse en la adoración se hace sólo por ALLAH.

El Todopoderoso Alá relató la historia del rechazo de Iblis a la próstata ante Adán: *Recordad cuando vuestro Señor dijo a los ángeles: "Voy a crear a un hombre (Adán) de arcilla resonante de barro negro liso y alterado". Así que cuando lo haya formado completamente y soplado en él (Adán) el alma que creé para él, entonces caeréis postrándoos ante él". Y los ángeles se postraron todos juntos, excepto Iblis, que se negó a estar entre los prosternadores. Alá dijo: "¡Oh Iblis! ¿Cuál es tu razón para no estar entre los prosternadores?" dijo Iblis: "No soy yo el que se postra ante un ser humano, al que creaste con arcilla sonora de barro negro y liso alterado." Alá dijo: "Entonces sal de aquí, porque en verdad eres Rajim (un paria o un maldito). La maldición caerá sobre vosotros hasta el Día de la Recompensa (Día de la Resurrección).* (Ch 15:28-35 Corán).

En otra sura, el Todopoderoso Alá lo contó así: *Seguramente Nosotros te creamos (tu padre Adán) y luego te dimos forma (la forma noble de un ser humano), entonces Nosotros les dijimos a los ángeles, "Postraos a Adán y ellos se postraron excepto a Iblis que él se negó a ser de los que se postran".*

Alá dijo: "¿Qué te impidió, Iblis, que no te postraras cuando te lo ordené?" dijo Iblis: "Soy mejor que él (Adán), Tú me creaste del fuego y a él lo creaste de la arcilla." Alá dijo: "Baja de este Paraíso, no te corresponde ser arrogante aquí. Vete, porque eres de los humillados y deshonrados". dijo Iblis: Permíteme un respiro hasta el Día de la Resurrección)". Alá dijo: "Tú eres de esos a los que se les permite un respiro." (Ch 7:11-15 Corán).

Ibn Jarir informó que Muhammad Ibn Sirin dijo que el primero en llegar a una conclusión por razonamiento fue Iblis y que el sol y la luna no eran adorados excepto a través de este método.

Esto significa que Iblis trató de compararse con Adán. Él creía que era más honorable que Adán. Por eso se abstuvo de postrarse a pesar de que Alá le había ordenado que lo hiciera, de la misma manera que había ordenado a los ángeles. Si se hace una analogía, vemos que Iblis es vana. Porque mejor es la arcilla que el fuego, porque en ella se encuentran las cualidades de calma, clemencia, perseverancia y crecimiento; mientras que en el fuego se encuentra la despreocupación, la insignificancia, la prisa y la incineración.

Iblis intentó en vano justificar su negativa: *"¿Debería postrarme ante alguien a quien creaste de barro?" dijo Iblis: "Mira? a los que has honrado por encima de mí, si me das un respiro (me mantienes vivo) hasta el Día de la Resurrección, seguramente agarraré y engañaré a su descendencia (enviándolos por el mal camino) a todos menos a unos pocos".* (Ch 17:62 Corán).

Adán estaba siguiendo lo que estaba sucediendo a su alrededor y tenía sentimientos de amor, temor y asombro. Profundo amor a Alá, que lo creó y glorificó y que hizo postrar a sus ángeles ante él. Asombro por la ira del Creador cuando excluyó a Iblis de su misericordia. Adán fue sorprendido por esta criatura, Iblis, que lo aborrecía sin siquiera conocerlo y que se imaginaba mejor que Adán sin haber demostrado que era más digno. Qué extraña criatura era Iblis, y qué extraña era su excusa para no postrarse!

Se imaginó que el fuego es mejor que la arcilla, pero ¿cómo se le ocurrió esa idea? Tal conocimiento es exclusivo de Alá, que dispara y arcilla y que sabe cuál es el mejor de los dos.

A partir del diálogo, Adán se dio cuenta de que Iblis era una criatura caracterizada por la astucia y la ingratitud. Entonces supo que Iblis era su eterno enemigo. Estaba muy sorprendido por la audacia de Iblis y la tolerancia de Alá. Inmediatamente después de su creación, Adán fue testigo de la gran cantidad de libertad que Alá da a Sus criaturas comisionadas.

Alá sabía que Iblis no le iba a obedecer al postrarse ante Adán. Alá podría haberlo aniquilado totalmente o convertirlo en un puñado de polvo o sofocar la negativa en su boca. Sin embargo, Alá da a Sus criaturas comisionadas libertad absoluta hasta el punto de que pueden rechazar las órdenes de Alá el Todopoderoso. Él les concede la libertad de la negación, la desobediencia, y aún el desacuerdo con Él.

Su reino no disminuirá si los incrédulos no creen en Él ni se extenderá si mucha gente cree en Él. Al contrario, los incrédulos perderán, y los creyentes ganarán, pero Alá está por encima de todo eso.

Había muchas tradiciones acerca de Iblis en la época del Profeta Muhammad (PBSCE). Ibn Masud, Ibn Abbas y un grupo de compañeros del Profeta Muhammad (PBSCE) dijeron que Iblis había sido la cabeza de los ángeles en los cielos mundanos. Ibn Abbas dijo en una narración que su nombre había sido Azazil y en otra narración dijo que había sido Al Harith. Ibn Abbas también dijo que Iblis era un jinn y que una vez habían sido los guardianes del Paraíso, siendo Iblis el más honorable, el más erudito y el más piadoso de ellos. Otra tradición dice que él había sido uno de los famosos cuatro poseedores de alas (ángeles), antes de que Alá lo transformara en el maldito Satanás.

Alá Todopoderoso relata la desobediencia de lblis en otra sura: *Recuerda cuando tu Señor dijo a los ángeles: "En verdad voy a crear al hombre de arcilla. Así que cuando lo he moldeado y soplado en él (su) alma creada por Mí, entonces tú caes postrado ante él". Y los ángeles se postraron todos ellos; excepto lblis, él estaba orgulloso y era uno de los incrédulos.*

Alá dijo: "La verdad es, y la verdad digo, que llenaré el Infierno de ti y de aquellos de ellos (la humanidad) que te siguen juntos. " (Ch 38:71-85 Corán).

Después de esta lección sobre la libertad, Adán aprendió otra lección, una sobre el conocimiento. Adán se dio cuenta de que lblis era el símbolo del mal en el universo y que los ángeles eran el símbolo del bien. Sin embargo, aún no sabía nada de sí mismo. Entonces Alá le hizo percibir su verdadera identidad y la razón de su creación, y el secreto de su glorificación.

Allah el Sublime dijo: *Le enseñó a Adán todos los nombres de todo.* (Ch 2:31 Corán).

Alá Todopoderoso le concedió a Adán el poder de conocer las naturalezas de todas las cosas y de resumirlas por nombres; eso es un pájaro, eso es una estrella, eso es un árbol, etc. Alá implantó en Adán una insaciable necesidad y amor por el conocimiento y un deseo de legar el conocimiento a sus hijos. Esta fue la razón de su creación y el secreto de su glorificación.

Después de que Adán aprendió los nombres de todas las cosas, junto con sus propiedades y usos, Alá se los presentó a los ángeles y les dijo: *"Dime los nombres de estos si eres sincero."* (Ch 2:31 Corán) los ángeles admitieron su incapacidad: *"Gloria a Ti, no tenemos más conocimiento que lo que Tú nos has enseñado. En verdad eres Tú, el Conocedor, el Sabio".* (Ch 2:32)

Allah Todopoderoso entonces se volvió hacia Adán: *"¡Oh, Adán! Infórmales de sus nombres, "* y cuando *les haya informado de sus nombres, les dijo: "¿No te dije que conozco lo que no se ve en los cielos y en la tierra, y que sé lo que revelas y lo que has estado escondiendo?"* (Ch 2:33).

Alá quería que los ángeles supieran que Él sabía de su asombro cuando les había hablado de la creación de Adán y que también sabía de su confusión que ellos no habían revelado, así como de lo que Iblis había ocultado de su desobediencia e ingratitud.

Los ángeles se dieron cuenta de que Adán era la criatura que sabía lo que no sabía y que su capacidad de aprender era su cualidad más noble. Su conocimiento incluía el conocimiento del Creador que llamamos fe o Islam, así como el conocimiento que necesitaría para habitar y dominar la tierra. Todas las clases de conocimiento mundano que se incluyen en esto.

Adam sabía los nombres de todo. A veces hablaba con los ángeles, pero estaban preocupados por adorar a Alá Todopoderoso. Por lo tanto, Adán se sintió solo.

Un día durmió y al despertarse encontró cerca de su cabeza a una mujer que le miraba la cara con hermosos y tiernos ojos.

Los ángeles le preguntaron su nombre y él respondió: "Eve (Hawa)." (significa cosas vivas). Preguntaron: "¿Por qué la llamaste Eva?" Adam dijo: "Porque ella fue creada de mí y yo soy un ser vivo."

Ibn Abbas y un grupo de compañeros del Profeta (PBSCE) narraron que cuando Iblis fue enviado fuera del Paraíso y Adán fue alojado en él, Adán estaba solo en el Paraíso y no tenía un compañero de quien pudiera obtener tranquilidad. Durmió un rato y cuando se despertó, vio a una mujer que Alá había creado a partir de sus costillas. Y él le preguntó: "¿Quién eres tú? Ella le contestó: "Una mujer": "¿Por qué has sido creado?" Ella dijo:"Para que puedas encontrar tranquilidad en mí." Los ángeles, tratando de averiguar el alcance de su conocimiento, le preguntaron: "¿Cómo se llama, Adán?" Y él respondió: "Eva". Le preguntaron: "¿Por qué se llamaba así?". Él respondió:"Porque ella fue creada a partir de algo vivo".

Muhammad Ibn Ishaaq e Ibn Abbas relataron que Eva fue creada de la costilla izquierda más corta de Adán mientras él dormía y después de un tiempo ella fue vestida de carne: *Oh, humanidad! Sé obediente a tu Señor, quien te creó de una sola persona (Adán) y de Él (Adán) Él creó a su esposa (Eva), y de ellos ambos Él creó a muchos hombres y mujeres.* (Ch 4:1) Alá también dijo: *Él es Quien te ha creado de una sola persona (Adán) y luego Él creó de él a su esposa (Eva), para que pueda disfrutar el placer de vivir con ella.* (Ch 7:189).

Abu Hurairah narró que el Profeta Muhammad (PBSCE) dijo: "¡Oh, musulmanes! Te aconsejo que seas gentil con las mujeres, pues han sido creadas a partir de una costilla, y la parte más torcida de la costilla es su parte superior. Si intentas enderezarlo, se romperá y si lo dejas, se quedará torcido, así que te insto a que cuides de las mujeres". (Sahih Bukhari).

Alá le ordenó a Adán que habite en el Paraíso: "*¡Oh Adán! Habita tú y tu esposa en el Paraíso y cómete a ambos libremente con placer y deleite de las cosas que hay en él, donde quieras, pero no te acerques a este árbol o ambos serán de los Zalimeen (hacedores de maldad).* (Ch 2:35)

La ubicación de este Paraíso es desconocida para nosotros. El Corán no lo reveló, y los comentaristas tenían cinco opiniones diferentes. Algunos dijeron que era el paraíso de nuestro refugio y que su lugar era el cielo. Otros lamentaron esa afirmación porque si fuera el paraíso del refugio, Iblis habría sido prohibida la entrada y la desobediencia también habría sido prohibida. Y otros dijeron que era otro paraíso creado por Alá para Adán y Eva. Un cuarto grupo dijo que era un paraíso en la tierra ubicado en un lugar alto. Otro grupo de comentaristas acepta lo que había en el Corán sin cuestionar dónde se encontraba este paraíso. Estamos de acuerdo con esta última opinión, ya que la lección que aprendemos de su ubicación es irrelevante en comparación con la lección que sacamos de los acontecimientos que tuvieron lugar allí.

Adán y Eva fueron admitidos en el Paraíso y allí vivieron el sueño de todos los seres humanos. Alá les permitió acercarse y disfrutar de todo excepto de un árbol, que podría haber sido el Árbol del Dolor o el Árbol del Conocimiento. Alá les prohibió que se les diera morada en el Paraíso. *"Pero no se acerquen a este árbol o ambos serán de los malhechores."* (Ch 2:35)

Adán y Eva entendieron que se les prohibía comer el fruto de ese árbol. Adán era sin embargo un ser humano y el hombre tiende a olvidar. Su corazón cambia y su voluntad se debilita. Iblis convocó toda la envidia que había en su interior y se aprovechó de la humanidad de Adán para explotarlo. Empezó a susurrarle día tras día, convenciéndolo: "¿Debería guiarte hacia el Árbol de la Inmortalidad y el Reino Eterno?" Él les dijo: *"Tu Señor no te prohibió este árbol, salvo que os convirtierais en ángeles o en inmortales." Él (Satanás) juró por Alá a ambos diciendo: "En verdad soy uno de los sinceros buenos deseos para los dos."* (Cf. 7, 20-21)

se preguntó Adam: "¿Qué pasará si como de este árbol? Podría ser realmente el Árbol de la Inmortalidad". Su sueño era vivir para siempre en la inocencia pura del Paraíso".

Pasaron los años, y Adán y Eva estaban preocupados con los pensamientos de ese árbol. Entonces un día decidieron comer de sus frutos. Olvidaron que Alá les había advertido que no se acercaran y que Iblis era su enemigo jurado. Adán extendió su mano, recogió uno de los frutos y se lo ofreció a Eva. Ambos comieron del árbol prohibido.

Alá Todopoderoso nos lo dijo: *"Así que él (Satanás) los engañó con engaño." (Ch 7:22) dijo Alá: "Así desobedeció Adán a su Señor y se descarrió."* (Ch 20:121).

Según el Antiguo Testamento, Eva fue tentada por la serpiente a comer del árbol prohibido. Ella comió a causa de las palabras de la serpiente y alimentó a Adán con algo de eso. En ese momento, sus ojos se abrieron al hecho de que estaban desnudos, y tomaron las hojas de la higuera para cubrirse. Wahb Ibn Munabah dijo que su ropa (antes de su pecado) estaba hecha de luz en las partes privadas de ambos.

Esta historia en el Antiguo Testamento es una falsificación y un engaño. Allah el Todopoderoso reveló: *Oh, hijos de Adán! No permitas que Satanás te engañe, ya que sacó a tus padres (Adán y Eva) del Paraíso despojándolos de sus lluvias; para mostrarles sus partes privadas. Verdaderamente él y Qabiluhu (sus soldados del jinn o de su tribu) os ven desde donde no podéis verlos. Hicimos los demonios (protectores y ayudantes) para los que no creen".* (Ch 7:27)

Adán apenas había terminado de comer cuando sintió que su corazón se contraía, y estaba lleno de dolor, tristeza y vergüenza. La atmósfera circundante había cambiado y la música interna se había detenido.

Descubrió que él y su esposa estaban desnudos, así que ambos comenzaron a cortar hojas de árboles para cubrirse.

Alá el Todopoderoso se dirigió a él: *"¿No te prohibí ese árbol y te dije: ¿Verdad que Satanás es un enemigo abierto para ti?" Dijeron: "¡Nuestro Señor! Nos hemos hecho daño a nosotros mismos. Si no nos perdonas, y no nos concedes Tu Misericordia, ciertamente seremos de los perdedores." Alah dijo: "Bajad, uno de vosotros enemigo del otro (Adán, Eva, Satanás, etc.). En la tierra será una morada para ti y un placer, por un tiempo". Él dijo: "En ella vivirás y en ella morirás, y de ella serás sacado (resucitado)".* (7:22-25).

De nuevo hay viejas historias sobre estos eventos. Al Hafez Ibn Asaker narró que Alá ordenó a dos ángeles que sacaran a Adán de Su santa proximidad. Entonces Gabriel le despojó de la corona en su cabeza, y Miguel tomó la diadema de su frente. Adán pensó que su castigo había sido apresurado y se inclinó gritando: "¡Perdón! Perdón", así que Alá preguntó: "¿Estás huyendo de mí?" Adán le respondió: "No, Señor mío, pero soy tímido de ti".

Abdul Rahman Ibn Amru AL Awza iy dijo que Adam pasó 100 años en el Paraíso. En otra narración se decía que pasó 60 años. Ibn Asaker informó que Adán lloró durante 60 años por su pérdida del Paraíso y 70 años por su error, y lloró durante otros 70 años cuando su hijo fue asesinado.

Dejaron el Paraíso y descendieron sobre la tierra. Adán estaba triste y Eva lloraba. Alá aceptó su arrepentimiento porque era sincero y les dijo que la tierra sería su reino y origen donde vivirían y morirían y de donde vendrían en el Día del Juicio.

Alá el Todopoderoso relató esta tercera lección que Adán aprendió en el Paraíso: *Ciertamente hicimos un pacto con Adán antes, pero él lo olvidó, y Nosotros no encontramos de su parte ningún poder de voluntad firme. Recuerden cuando les dijimos a los ángeles: "Postraos ante Adán". Se postraron (todos) excepto Iblis, que se negó. Entonces dijimos: "Oh Adán! en verdad, este es un enemigo para ti y para tu esposa. Así que no dejes que te saque a ambos del Paraíso, para que te angusties en la miseria. De cierto, tú tienes (una promesa de Nosotros) que nunca tendrás hambre en ella ni estarás desnudo. Y no sufrirás de la sed ni del calor del sol".*

le susurró Satanás, diciendo: "¡Oh, Adán! ¿Debería llevarte al Árbol de la Eternidad y a un reino que nunca se consumirá?" Entonces ambos comieron de ese árbol, y así se les aparecieron sus partes privadas, y comenzaron a pegarse las hojas del Paraíso para cubrirse. Así desobedeció Adán a su Señor, y se descarrió. Entonces su Señor lo escogió, y se volvió a él con perdón y le dio guía.

Alá dijo: "Bájense (a la tierra), los dos, juntos desde el Paraíso, algunos de ustedes son enemigos de otros. Entonces, si a vosotros viene la guía de Mí, entonces el que siga Mi Guía no se extraviará, ni caerá en la angustia y la miseria. Pero cualquiera que se aleje de

Mi Recordatorio (ni cree en este Corán ni actúa bajo sus órdenes, etc.). En verdad, para él es una vida dura y Nosotros lo resucitaremos ciego en el Día de la Resurrección."

Él dirá: "¡Oh, mi Señor! ¿Por qué me has levantado ciego, mientras que antes tenía vista?" Alá lo dirá: "así, Nuestro Ayat (pruebas, evidencias, versículos, lecciones, señales, revelaciones, etc.). vino a ti, pero tú los ignoraste (los dejaste, no pensaste profundamente en ellos, y te apartaste de ellos), y así este Día, serás abandonado en el Fuego del Infierno, lejos de la Misericordia de Alá".

Y así, Nosotros, le correspondemos al que transgrede más allá de los límites (comete los grandes pecados y desobedece a su Señor (Alá) y no cree en Sus Mensajeros, y Sus Libros revelados, como este Corán, etc.), y no cree en el Ayat (pruebas, evidencias, versículos, lecciones, señales, revelaciones, etc.) de su Señor, y el tormento del Más Allá es mucho más severo y más duradero. (Ch 20:115-127)

Algunas personas creen que la razón por la que la humanidad no habita en el Paraíso es que Adán fue desobediente y que si no hubiera sido por este pecado, podríamos haber estado allí todo el tiempo. Son ficciones ingenuas porque cuando Alá quiso crear a Adán, dijo a los ángeles: "Yo haré un virrey en la tierra". No dijo: "Haré un vicerregente en el paraíso".

El descenso de Adán sobre la tierra, entonces, no se debió a la degradación, sino que fue un descenso digno. Alá sabía que Adán y Eva comerían del árbol y descenderían a la tierra. Sabía que Satanás violaría su inocencia. Esa experiencia fue esencial para su vida en la tierra; fue la piedra angular de su virreinato. El propósito era enseñar a Adán, Eva y a su progenie que fue Satanás quien hizo que fueran expulsados del Paraíso y que el camino al Paraíso sólo puede ser alcanzado por la obediencia a Alá y la enemistad con Satanás.

¿Podría decirse que Adán y el resto de la humanidad fueron predestinados al pecado y a ser expulsados del Paraíso y enviados a la tierra? De hecho, esta ficción es tan ingenua como la primera.

Adán tenía libre albedrío y soportó las consecuencias de sus actos. Desobedeció al comer del árbol prohibido, así que Alá lo despidió del Paraíso. Su desobediencia no niega su libertad. Al contrario, es una consecuencia de ello.

La verdad del asunto es que Alá sabía lo que iba a suceder, ya que siempre sabe el resultado de los acontecimientos antes de que ocurran. Sin embargo, Alá no obliga a que las cosas sucedan. Él otorga libre albedrío a Sus criaturas humanas. En eso basa Su suprema sabiduría en poblar la tierra, establecer a los vicerregentes, y así sucesivamente.

Adán entendió su tercera lección. Sabía ahora de una manera práctica que Iblis era su enemigo, la causa de que perdiera la bendición de vivir en el Paraíso, y la causa de su angustia. Adán también entendió que Alá castiga la desobediencia y que el camino del Paraíso tiene que ser a través de la sumisión a la voluntad de Alá. Y aprendió de Alá Todopoderoso a pedir perdón.

Alá aceptó el arrepentimiento de Adán y lo perdonó. Entonces lo envió a la tierra como su primer mensajero.

Abu Hurairah narró que el Mensajero (PBUH) dijo: "Adán y Moisés discutieron entre ellos. Moisés le dijo a Adán:'Tu pecado te expulsó del Paraíso'. Adán dijo: "Tú eres Moisés, a quien Alá eligió como Su mensajero y a quien habló directamente. Sin embargo, me culpas por algo que ya estaba escrito en mi destino antes de mi creación?" El profeta de Alá Muhammad (PBSCE) dijo dos veces: "Así que Adán superó a Moisés". (Sahih Bukhari).

Umar Ibn Al Khattab también narró que el Profeta Muhammad (PBSCE) dijo: "Moisés (PBSCE) dijo:'¡Mi Señor! Así que Alá le hizo ver a Adán y le dijo: "¿Eres Adam?" Adam dijo: "Sí". Y dijo: "¿Fuiste tú en quien Alah sopló su espíritu y ante quien inclinó a sus ángeles y ante quien enseñó los nombres de todas las cosas?" Adam respondió: "Sí", dijo Moisés: "¿Qué te hizo sacarnos a nosotros y a ti mismo del Paraíso?"

Adam dijo: "¿Quién eres tú?" Moisés dijo: Soy Moisés." Adam dijo: "Así que tú eres Moisés, el profeta de los Hijos de Israel. ¿Fuiste tú con quien Alá habló directamente?" Moisés respondió "sí". Adam dijo: "¿Por qué me culpas por un asunto que Alá había predestinado?" Así que el Profeta de Alá

Muhammad (PBSCE) dijo dos veces. "Adán superó a Moisés". (Sahih al Bukhari).

hay muchas tradiciones concernientes al lugar del descenso de Adán sobre la tierra. Ibn Abi Hatim narró que Ibn Abbas dijo: "Adán descendió a tierra 'Dihna' entre La Meca y Taif." AL Hassan dijo que Adán descendió en la India y Eva en Jeddah (Arabia Saudita), Iblis Bodistiman (Irak), y la serpiente en Ashahan (Irán). Este último también fue reportado por Ibn Hatim.

Ass'ady relató que Adán descendió con la Piedra Negra (una gran piedra negra colocada en la pared del ka'ba en La Meca. Se dice que vino del Paraíso) en la India, y tenía un puñado de las semillas del Paraíso. Los sembró en la India y se convirtieron en el árbol fragante que hay en ella.

Ibn Umar dijo que Adán descendió a As-Safa y Eva a Al Marwa (nombres de dos montañas en las cercanías de la casa sagrada en La Meca). Parte de los ritos de peregrinación (hajj) incluye pasear entre estas dos colinas en conmemoración de la búsqueda de agua de H). Esto también fue reportado por Ibn Hatim. Abdul Razzaq informó que Abi Musa Al-shari dijo que cuando Alá ordenó a Adán que descendiera del Paraíso a la tierra, Él le enseñó a hacer de todo y le proporcionó las cosechas del Paraíso.

Abu Hurairah narró que el Profeta Muhammad (PBSCE) dijo: "El mejor de los días en los que el sol ha salido es el viernes. Un día Adán fue creado, y en este día descendió a la tierra". (al Bukhari)

Adán sabía que se había despedido de la paz y abandonó el Paraíso. En la tierra tuvo que enfrentarse a conflictos y luchas. Tan pronto como uno terminaba, otro empezaba. También tuvo que trabajar duro para mantenerse. Tuvo que protegerse con ropa y armas y proteger a su esposa e hijos de las bestias salvajes. Sobre todo tuvo que luchar contra el espíritu del mal. Satanás, la causa de su expulsión del Paraíso, continuó seduciéndolo a él y a sus hijos en un esfuerzo por hacerlos arrojar al fuego eterno del infierno. La batalla entre el bien y el mal es continua, pero los que siguen la guía de Alá y no deben temer nada, mientras que los que desobedecen a Alá y siguen a Iblis serán condenados junto con él.

Adán captó todo esto y con el conocimiento de este sufrimiento comenzó su vida en la tierra. Lo único que permitía su dolor era que él era el amo de la tierra y tenía que hacer que cediera ante él. Él fue quien tuvo que perpetuar, cultivar, construir y poblar la tierra. También fue él quien tuvo que procrear y criar hijos que cambiarían y mejorarían el mundo.

El pináculo de la felicidad terrenal se alcanzó cuando Adán y Eva fueron testigos del nacimiento de sus primeros hijos, un grupo de gemelos. Adán era un padre devoto y Eva una madre contenta. Los gemelos eran Caín (Qabil) y su hermana. Más tarde, Eva dio a luz a un segundo grupo de gemelos, Abel (Habil) y su hermana. La familia disfrutó de las recompensas y los frutos de la tierra provistos por su Señor. Los niños crecieron para ser adultos jóvenes fuertes y sanos. Caín labraba la tierra mientras Abel criaba ganado.

Llegó el momento en que los dos jóvenes deseaban tener una pareja para toda la vida. Esto era parte del plan de Alá para la humanidad, para multiplicar y formar naciones con diferentes culturas y colores. Alá le reveló a Adán que debía casar a cada uno de sus hijos con la hermana gemela del otro. Adán instruyó a sus hijos de acuerdo a la orden de Alá, pero Caín estaba disgustado con la pareja elegida para él, pues la hermana gemela de Abel no era tan hermosa como la suya.

Parece que desde el principio de los tiempos, la belleza física ha sido un factor de atracción entre el hombre y la mujer. Esta atracción hizo que Caín envidiara a su hermano Abel. Se rebeló contra la orden de Alá al negarse a aceptar el consejo de su padre.

A primera vista, la rebelión de Caín puede parecer extraña, pero debemos recordar que aunque el hombre tiene una naturaleza pura, existe el potencial para la dicotomía. En otras palabras, tenía buenas y malas cualidades. Puede volverse codicioso, codicioso, posesivo, egoísta e incluso destructivo. El hombre es, por lo tanto, capaz de buscar la autocomplacencia, incluso si conduce al fracaso en esta vida y en el más allá. El camino hacia la bondad consiste en aprovechar al enemigo en su interior, a su yo más bajo, controlando los malos pensamientos y acciones y practicando la moderación en sus deseos y acciones. Su recompensa entonces serán los deleites de este mundo y del más allá. Así Alá nos pone a prueba a través de nuestra naturaleza dividida.

Adam estaba en un dilema. Quería paz y armonía en su familia, así que invocó a Alá para que le ayudara. Alá ordenó que cada hijo ofreciera un sacrificio, y aquel cuya ofrenda fuera aceptada tendría derecho a estar de su lado. Abel ofreció su mejor camello mientras que Caín ofreció su peor grano. Su sacrificio no fue aceptado por Alá debido a su desobediencia a su padre y a la insinceridad de su ofrenda.

Esto enfureció aún más a Caín. Al darse cuenta de que sus esperanzas de casarse con su hermosa hermana se estaban desvaneciendo, amenazó a su hermano. "¡Te mataré! ¡Me niego a verte feliz mientras yo siga siendo infeliz!"

Abel, compadeciéndose de su hermano, le respondió: "Sería más apropiado que tú, hermano mío, buscaras la causa de tu infelicidad y luego caminaras por el camino de la paz. Alá acepta las acciones sólo de aquellos que le sirven y le temen, no de aquellos que rechazan Sus Mandamientos".

Abel era inteligente, obediente y siempre dispuesto a obedecer la voluntad de Alá. Esto contrastaba fuertemente con su hermano que era arrogante, egoísta y desobediente a su Señor. Abel no temía las amenazas de su hermano, pero tampoco quería que su hermano fuera herido, Alá había bendecido a Abel con pureza y compasión.

Esperando disipar el odio de su hermano, Abel dijo:"Hermano mío, te estás desviando del camino correcto y eres pecador en tus decisiones. Es mejor que te arrepientas ante Alá y te olvides de tu estúpida amenaza. Pero si no lo haces, dejaré el asunto en manos de Alá. Sólo tú llevarás la consecuencia de tu pecado, porque el fuego es la recompensa de los malhechores".

Esta súplica fraternal no hizo nada para disminuir el odio en el corazón de Caín, ni mostró temor al castigo de Alá. Incluso se dejaron de lado las consideraciones familiares. Caín golpeó a su hermano con una piedra, matándolo instantáneamente. Esta fue la primera muerte y el primer acto criminal cometido por el hombre en la tierra.

Cuando Abel no apareció por algún tiempo, Adán comenzó a buscarlo pero no encontró rastro de su amado hijo. Le preguntó a Caín sobre el paradero de Abel. Caín insolentemente respondió que no era el guardián de su hermano ni su protector. De estas palabras su padre entendió que Abel estaba muerto y que Adán estaba lleno de dolor.

Mientras tanto, Caín no sabía qué hacer con el cadáver de su hermano. Lo llevaba en la espalda, deambulando de un lugar a otro tratando de esconderlo. Su ira se había calmado y su conciencia estaba cargada de culpa. Estaba cansado por la carga del cadáver que había empezado a tener un hedor. Como misericordia, y para mostrar que la dignidad podía ser retenida incluso en la muerte, Alá envió dos cuervos que comenzaron a pelear, causando la muerte de uno. El ave victoriosa usó su pico y sus garras para cavar un agujero en el suelo, enrolló a su víctima en él y lo cubrió con arena.

Como testigo de esto, Caín se sintió abrumado por la vergüenza y el remordimiento. "¡Ay de mí!" exclamó. "No pude hacer lo que este cuervo ha hecho, es decir, esconder el cadáver de mi hermano." Caín enterró a su hermano. Este fue también el primer entierro del hombre.

Allah el Todopoderoso reveló: *Y (O Muhammad) les recita (a los judíos) la historia de los dos hijos de Adán (Abel y Caín) en verdad; cuando cada uno ofreció un sacrificio a Alá, fue aceptado de uno pero no del otro. El segundo le dijo al primero: "Te mataré".*

dijo el primero: "Allah sólo acepta de aquellos que son Al Muttaqeen (los piadosos). Si extiendes tu mano contra mí para matarme, nunca extenderé mi mano contra ti para matarte, porque temo a Alá, el Señor de los Alameen (la humanidad, los genios y todo lo que existe). De cierto que tengo la intención de dejar que dibujes mi pecado sobre ti, así como sobre los tuyos, entonces serás uno de los moradores del fuego, y esa es la recompensa de los Zalimeen (politeístas y malhechores)".

Así que el yo del otro (este último) lo animó y le hizo parecer justo el asesinato de su hermano; lo asesinó y se convirtió en uno de los perdedores. Alá envió un cuervo que rasguñó el suelo para mostrarle que escondiera el cadáver de su hermano. Él (el asesino) dijo: "¡Ay de mí! ¿No soy capaz de ser como este cuervo y esconder el cadáver de mi hermano?" Luego se convirtió en uno de los que se arrepintieron. (Ch 5, 27-31).

Ibn Abbas, Ibn Masud y un grupo de compañeros del Profeta Muhammad (PBSCE) relataron que el matrimonio del hombre de un embarazo con la mujer de otro había sido en la práctica entre los hijos de Adán. Abel quería casarse con la hermana de Caín, pero Caín la quería para sí porque era muy hermosa. Adán le ordenó que la entregara en matrimonio con su hermano, pero él se negó. Así que Adán les ordenó a ambos que ofrecieran un sacrificio, y luego fue a La Meca para realizar la peregrinación. Después que Adán se fue, ofrecieron sus sacrificios; Abel ofreció un cordero gordo, era pastor, mientras que Caín ofrecía un manojo de granos de peor calidad; el fuego descendió y devoró el sacrificio de Abel, dejando el de Caín, por lo que se enfureció y dijo: "Seguramente te mataré para que no te cases con mi hermana." Abel respondió: "Alá acepta de los que le temen".

Según Abu Ja'afar al Baqer, Adán estaba observando su ofrenda y estaba seguro de que el sacrificio de Abel sería aceptado. Caín se quejó a Adán de que la aceptación se debía a su súplica por Abel y que él no había hecho lo mismo por él, así que prometió a su padre que arreglaría el asunto entre él y su hermano. Una noche, Abel regresaba tarde de cuidar de su rebaño. Adán envió a Caín a ver qué le pasaba. Cuando lo encontró, lo miró fijamente diciendo: "La tuya fue aceptada, y la mía no." Abel respondió: "Alá sólo acepta de los temerosos de Alá". Caín se enojó al oír esto y lo golpeó con un pedazo de hierro que estaba con él y así lo mató. En otra versión se decía que lo mató con una piedra en la cabeza mientras dormía.

Adán estaba completamente afligido por la pérdida de sus dos hijos. Uno estaba muerto, el otro fue conquistado por el diablo. Adán oró por su hijo y se volvió a los asuntos mundanos porque tuvo que trabajar duro para su sustento. Al mismo tiempo era un profeta que aconsejaba a sus hijos y nietos, les hablaba de Alá y los llamaba a creer en Él. Les habló de lblis y les advirtió contándoles su propia experiencia con el diablo y cómo el diablo había tentado a Caín a matar a su hermano.

Años y años pasaron, Adán envejeció y sus hijos se esparcieron por toda la tierra. Muhammad Ibn Ishaq relató que cuando la muerte de Adán se acercaba, nombró a su hijo Seth para que fuera su sucesor y le enseñó las horas del día y de la noche junto con sus actos de adoración apropiados. También le predijo el piso que vendría.

Abu Dhar narró que el Profeta Muhammad (PBSCE) dijo: "Alá envió 104 salmos, de los cuales 50 fueron enviados a Seth."

Abdullah Ibn Al Iman Ahmad Ibn Hanbal narró que Ubai Ibn Kab dijo: "Cuando la muerte de Adán estaba cerca, dijo a sus hijos: "Oh, hijos míos, en verdad siento un apetito por los frutos del Paraíso."

Así que se fueron en busca de lo que Adán había pedido. Se encontraron con los ángeles, que tenían con ellos su sudario y con lo que debía ser embalsamado. Ellos les dijeron: "Oh, hijos de Adán, ¿qué estáis buscando? ¿Qué es lo que quieres? ¿Adónde vas?"

Dijeron: "Nuestro padre está enfermo y tiene apetito por los frutos del Paraíso."

los ángeles les dijeron: "Vuelve, porque tu padre va a encontrar su fin pronto."

Y ellos volvieron (con los ángeles) y cuando Eva los vio, los reconoció. Intentó esconderse detrás de Adam. Él le dijo. "Déjame en paz. He venido antes que tú; no te interpongas entre los ángeles de mi Señor y yo". Y tomaron su alma, la embalsamaron y la envolvieron, cavaron el sepulcro y lo depositaron en él. Oraron sobre él y lo pusieron en su tumba, diciendo:"Oh, hijos de Adán, esta es su tradición en el momento de la muerte."

Antes de su muerte, el profeta Adán (Pbuh) aseguró a sus hijos que Alá SWT no dejaría solo al hombre en la tierra, sino que enviaría a Sus profetas para guiarlos. Los profetas tendrían diferentes nombres, rasgos y milagros, pero estarían unidos en una sola cosa; el llamado a adorar sólo a Alá SWT (Dios). Este fue el legado de Adán a sus hijos. El profeta Adán (Pbuh) terminó de hablar y cerró los ojos. Entonces los ángeles entraron en su habitación y lo rodearon. Cuando reconoció al Ángel de la Muerte entre ellos, su corazón sonrió pacíficamente.

Después de la muerte del profeta Adán, su soth Profeta Seth (Shiith) asumió las responsabilidades de profeta, según un hadith narrado por Abu Dhar. Abu Dhar narró que el Profeta Muhammad SAW dijo: "Allah SWT envió ciento cuatro salmos, de los cuales cincuenta fueron enviados a Seth." (Sahih al Bukhari) Cuando llegó el momento de su muerte, el hijo de Seth, Anoush, le sucedió. A su vez, fue sucedido por su hijo Qinan, afirmando que Mahlabeel fue el Rey de las Siete Regiones, que fue el primero en cortar árboles para construir ciudades y grandes fortalezas y que construyó las ciudades de Babilonia. Reinó por un período de cuarenta años. Cuando murió, sus deberes fueron asumidos por su hijo Yard, quien a su muerte los legó a su hijo Khonoukh, que es el Profeta Idris (Enoc) según la mayoría de los eruditos.

References

Lalljee, compiled by Yousuf N. (1993). Know your Islam (3rd ed.). New York: Taknike Tarsile Quran. p. 255. ISBN 978-0-940368-02-6.

Stories of The Prophets By Ibn Kathir. Islamic Books. Kingdom of Saudi Arabia

Mehar, Iftikhar Ahmed (2003). Al-Islam: Inception to Conclusion. AL-ISLAM. p. 240. ISBN 978-1-4107-3272-9.

Phipps, William (1996). Muhammad and Jesus. New York: The Continuum Publishing Company. pp. 122–3. ISBN 0-8264-0914-8.

al-Tabari (1989). The History of al-Tabari. New York: State University of New York Press. p. 259. ISBN 0-88706-562-7.

Saad Assel, Mary (2010). 25 Icons of Peace in the Qur'an: Lessons of Harmony. iUniverse. p. 244. ISBN 978-1-4401-6901-4.

Ingram Content Group UK Ltd.
Milton Keynes UK
UKHW051006090323
418148UK00027B/346